Découvrez l'histoire par les archives de presse

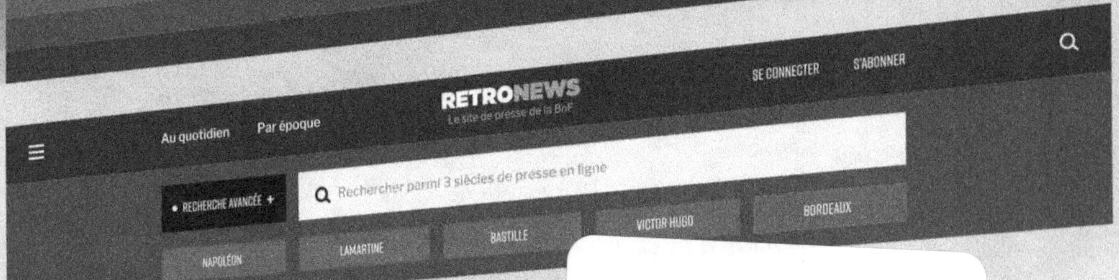

RETRONEWS

Le site de presse de la BnF

www.retronews.fr

ALMANACH

DU

COLON ALGÉRIEN

DES

VILLAGES DE MARENGO ET NOVI

CONTENANT

un récit détaillé du voyage du douzième convoi, les discours prononcés,
des détails géographiques et statistiques sur l'Algérie, etc.

1849   1849

SE TROUVE :

A MARENGO	A PARIS
PIERRE HUE, ÉDITEUR.	115, RUE SAINT-DOMINIQUE.

ALMANACH

DU

COLON ALGÉRIEN

DES

VILLAGES DE MARENGO ET NOVI

CONTENANT

un récit détaillé du voyage du douzième convoi, les discours prononcés,
des détails géographiques et statistiques sur l'Algérie, etc.

Un ouvrage à présent, c'est l'enfant de Ninon,
Équivoque produit que chacun a pu faire,
Dont à la courte-paille il faut tirer le père.

A. POMMIER.

Ire ANNÉE. — **1849**

SE TROUVE :

A MARENGO | A PARIS
CHEZ PIERRE HUE, ÉDITEUR. | 115, RUE SAINT-DOMINIQUE.

À mon Père.

Je t'adresse un Almanach pour l'année qui va commencer. Puisse chacun des jours qui y sont indiqués être pour toi un jour de bonheur! J'ai pensé qu'il te serait doux de relire le discours du digne pasteur qui vous a bénis au moment du départ.

J'ai emprunté à beaucoup d'auteurs pour faire ce petit ouvrage, car je ne sais pas écrire. Les premières pages, celles qui peignent la peine que nous avons ressentie de votre départ, sont les seules que j'ai puisées dans mon cœur; puisses-tu, en les lisant, être moins affligé que ne l'était en les écrivant, le 19 novembre,

Ton affectionné fils,

L. J. B. A. L.....

ANNUAIRE POUR 1849.

Année de la période Julienne. 6562
Depuis la 1re olympiade d'Iphitus jusqu'en juillet. . . . 2625
De la fondation de Rome, selon Varron (Mars) 2602
De l'époque de Nabonassar, depuis février. 2396
De la naissance de Jésus-Christ 1849
De la prise d'Alger, par les Français. 19
De la proclamation de la République en France 1
De la fondation des Colonies de Harengo et de Novi . . 1

COMPUT ECCLÉSIASTIQUE.

Nombre d'or. .   VII   Indiction romaine. VII
Épacte.   VI   Lettre dominicale. G
Cycle solaire. .   X

FÊTES ANNUELLES ET MOBILES.

La Septuagésime . .   4 février.   La Pentecôte. . . . .   27 mai.
Les Cendres . . . .   21 février. La Trinité. . . . . .   3 juin.
Pâques. . . . . .   8 avril.   La Fête-Dieu. . . . .   7 juin.
Les Rogations.   14, 15, 16 mai.   L'Avent . . . . . .   2 décembre.
L'Ascension . . . . .   17 mai.

SAISONS.

Le Printemps, 25 mars à 5 h. 23 m. soir.
L'Été, le 21 juin à 2 h. 16 m. s.
L'Automne, 23 septembre à 4 h. 13 m. du matin.
L'Hiver, 21 décembre à 9 h. 51 m. s.

JANV. 1849	FÉVRIER.	MARS.	AVRIL.	MAI.	JUIN.
Croiss. 32' m. 32' s.	Croiss. 41' m. 43' s.	Croiss. 54' m. 54' s.	Croiss. 60' m. 50' s.	Croiss. 39' m. 38' s.	Croiss. 8' m. 8' s.
1 l Circoncision.	1 j s. Ignace.	1 j s. Aubin.	1 D Rameaux.	1 m s. Ph. s. J.	1 v s. Thierri.
2 m s. Basile, év.	2 v Purificat.	2 v s. Simplice.	2 l s. Fr. de P.	2 m s. Athanase.	2 s s. Pothin.
3 m s. Geneviève	3 s s. Blaise.	3 s s⁶ Cunegonde.	3 m s. Richard.	3 j Inv. s⁶ Croix.	3 D Trinité.
4 j s. Rigobert.	4 D Septuagés.	4 D Reminisc.	4 m s. Elphège.	4 v s⁶ Monique.	4 l s. Quirin.
5 v s. Siméon.	5 l s⁶ Agathe.	5 l s. Drausin.	5 j s. Ambroise.	5 s C. de s. Aug.	5 m s. Boniface.
6 s Epiphanie.	6 m s. Amand.	6 m s⁶ Colette	6 v Vend. saint	6 D s. Jean P. L.	6 m s. Claude.
7 D s. Théaulon.	7 m s. Romuald.	7 m s. Thomas.	7 s s. Egésipe.	7 l s. Stanislas.	7 j Fête-Dieu.
8 l s. Lucien.	8 j s. Jean de M.	8 j s. J. de D.	8 D PAQUES.	8 m s. Désiré.	8 v s. Médard.
9 m s. Furcy.	9 v s⁶ Apoline.	9 v s⁶ Françoise	9 l s⁶ Marie Eg.	9 m s. Grégoire.	9 s s. Prime.
10 m s. Paul, erm	10 s s⁶ Scholastiq	10 s s. Doctrové.	10 m s. Macaire.	10 j s. Gordien.	10 D s. Landri.
11 j s. Théodose.	11 D Sexages.	11 D Oculi.	11 m s. Léon.	11 v s. Mamert.	11 l s. Barnabé.
12 v s. Arcade.	12 l s⁶ Eulalie.	12 l s. Pol.	12 j s. Jules.	12 s s. Nérée.	12 m s. Basilide.
13 s Bapt. de N.S.	13 m s. Lezin.	13 m s⁶ Euphrasie	13 v s. Justin.	13 D s. Servais.	13 m s. Ant. de P.
14 D s. Hilaire.	14 m s. Valentin.	14 m s. Lubin.	14 s s. Tiburce.	14 l Rog. s. Pac.	14 j s. Rufin
15 l s. Maur.	15 j s. Faustin.	15 j s. Longin.	15 D Quasimod.	15 m s. Isidore.	15 v s. Guy.
16 m s. Guillaume.	16 v s⁶ Julienne.	16 v s. Abraham.	16 l s. Paterne.	16 m s. Honoré.	16 s s. Fargeau.
17 m s. Antoine.	17 s s. Silvain.	17 s s⁶ Gertrude.	17 m s. Anicet.	17 j ASCENSION.	17 D s. Avit.
18 j Ch. s. Pierre.	18 D Quinquag.	18 D Lætare.	18 m s. Parfait.	18 v s. Eric.	18 l s⁶ Marine.
19 v s. Sulpice.	19 l s. Gabin.	19 l s. Joseph.	19 j s. Léon, pape	19 s s. Yves.	19 m s. Gerv. s. P
20 s s. Sébastien.	20 m s. Eucher.	20 m s. Joachim.	20 v s⁶ Hildegonde	20 D s. Bernard.	20 m s. Silvère.
21 D s⁶ Agnès.	21 m Cendres.	21 m s. Benoît.	21 s s. Hospice.	21 l s. Hospice.	21 j s. Leufroi.
22 l s. Vincent.	22 j s⁶ Isabelle.	22 j s. Léo.	22 D s⁶ Opportune.	22 m s⁶ Julie.	22 v s. Paulin.
23 m s. Ildefonse.	23 v Ch. s. Pierre.	23 v s. Victorien.	23 l s. Georges.	23 m s. Didier, év.	23 s s. Félix.
24 m s. Babylas.	24 s s. Mathias.	24 s s. Gabriel.	24 m s. Léger.	24 j s. Jeanne.	24 D s. Jean Bap
25 j Conv. s. Paul.	25 D Quadragés	25 D Passion, An.	25 m s. Marc.	25 v s. Urbain.	25 l s. Prosper.
26 v s⁶ Paule.	26 l s. Porphyre.	26 l s. Ludger.	26 j s. Clet.	26 s s. Ph. de N. v/	26 m s. Babolein.
27 s s. Julien.	27 m s. Léandre.	27 m s. Rupert.	27 v s. Polycarpe.	27 D PENTECOTE.	27 m s. Crescent.
28 D s. Charlemag	28 m s. Rom. ♦T.	28 m s. Gontrand.	28 s s. Vital.	28 l s. Germain.	28 j s. Irénée v J.
29 l s. Fran. de S.		29 j s. Eustase.	29 D s. Robert.	29 m s. Maximin.	29 v s. P. s. P.
30 m s⁶ Bathilde.	N. d'or. 7. Ep. VI.	30 v s. Rieul.	30 l s. Eutrope.	30 m s⁶ Emilie. ♦T	30 s Com. s. P.
31 m s. Pierre Nol.	Lettre dominic. G.	31 s s. Gui.		31 j s⁶ Pétronille.	

P.Q. le 2. P.L. le 8. | P.L. le 7. D.Q. le 15 | P.Q. le 2 P.L. le 9. | P.L. le 7. D.Q. le 15. | P.L. le 7. D.Q. le 15 | P.L. le 8. D.Q. le 13
D.Q. 16. N.L. 24. P.Q. 31. | N.L. le 23. | D.Q. 17. N.L. 24. P.Q. 31. | N.L. le 23. P.Q. le 29 | N.L. le 22. P.Q. le 28 | N.L. le 20. P.Q. le 27

JUILLET.
Décrois. 28' m. 28' s.

1	D	s. Martial.
2	l	Vis. de N. D.
3	m	s. Anatole.
4	m	Trans. s. Mor.
5	j	s. Zoé, *mart.*
6	v	s. Tranquille.
7	s	s. Aulderge.
8	D	s* Lucie.
9	l	s* Victoire.
10	m	s* Félicité.
11	m	Tr. s. Benoît.
12	j	s. Gualbert.
13	v	s. Turiaf.
14	s	s. Bonavent.
15	D	s. Henri.
16	l	N.-D. M.-C.
17	m	s. Frédéric.
18	m	s. Clair.
20	j	s. Vinc. de P.
20	v	s Marguerit.
21	s	s. Victor, *m.*
22	D	s Madeleine.
23	l	s. Apollinaire.
24	m	s Christine.
25	m	s. Jacq. s. Ch.
26	j	Tr. s. Marcel.
27	v	s. Pantaléon.
28	s	s Anne.
29	D	s Marthe.
30	l	s. Abdon
31	m	s. Ger. l'Aux.

P.L. le 5. D.Q. le 13
N.L. le 19. P.Q. le 27

AOUT.
Décrois. 47' m. 48' s.

1	m	s. Pierre ès-L.
2	j	s. Etienne, *p.*
3	v	Inv. de s. Et.
4	s	s. Dominique.
5	D	s. Yon, *mart.*
6	l	Tr. de N. S.
7	m	s. Gaëtan.
8	m	s. Justin.
9	j	s. Spire.
10	v	s. Laurent.
11	s	Susc. de s* C.
12	D	s* Claire.
13	j	s. Hippolyte.
14	m	s. Euséb. *v f.*
15	m	ASSOMPTION
16	j	s. Roch.
17	v	s. Mamert.
18	s	s Hélène.
19	D	s. Louis, *év.*
20	l	s. Bernard.
21	m	s. Privat.
22	m	s. Simphor.
23	j	s. Sidoine, *v.*
24	v	s. Barthélemi.
25	s	s. Louis, *roi.*
26	D	s. Zéphirin.
27	l	s. Césaire.
28	m	s. Augustin.
29	m	Déc. s. Jean.
30	j	s. Flacre.
31	v	s. Ovide.

P.L. le 4. D.Q. le 11
N.L. le 18. P.Q. le 25

SEPTEMB.
Décrois. 81' m. 81' s.

1	s	s. Leu, s. Gill.
2	D	s. Lazare.
3	l	s. Grégoire.
4	m	s* Rosalie.
5	m	s. Bertin.
6	j	s. Onésiphore
7	v	s. Cloud.
8	s	Nat de la V.
9	D	s. Omer, *év.*
10	l	s* Pulchérie.
11	m	s. Pallent, *év.*
12	m	s. Serdot.
13	j	s. Maurille.
14	v	Ex. s* Croix.
15	s	s. Nicomède.
16	D	s. Cyprien.
17	l	s. Lambert.
18	m	s. Jean Chrys.
19	m	s. Janvier. 4 T
20	j	s. Eustache.
21	v	s. Mathieu.
22	s	s. Maurice.
23	D	s* Thècle, *v.*
24	l	s. Andoche.
25	m	s. Firmin.
26	m	s* Justine.
27	j	s. Cô. s. Dam.
28	v	s. Céran.
29	s	s. Michel.
30	D	s. Jérôme.

P.L. le 2. D.Q. le 9
N.L. le 16. P.Q. le 24

OCTOBRE.
Décrois. 82' m. 82' s.

1	l	s. Remi, *év.*
2	m	ss. Ang. gard.
3	m	s. Cyprien.
4	j	s. Fran. d'Ass
5	v	s* Aure, *v.*
6	s	s. Bruno.
7	D	s. Serge.
8	l	s* Pélagie.
9	m	s. Denis, *év.*
10	m	s. Géréon, *m.*
11	j	s. Firmin.
12	v	s. Vilfride.
13	s	s. Edouard.
14	D	s. Caliste.
15	l	s* Thérèse.
16	m	s. Gal, *abbé.*
17	m	s. Cerboney.
18	j	s. Luc, *év.*
19	v	s. Savinien.
20	s	s. Sendou.
21	D	s* Ursule.
22	l	s. Mellon.
23	m	s. Hilarion.
24	m	s. Magloire.
25	j	s. Crep. s. Cr.
26	v	s. Rustique.
27	s	s. Frumence.
28	D	s. Simon s. J.
29	l	s. Faron, *év.*
30	m	s. Lucain.
31	m	s. Quint. *v f.*

P.L. le 2. D.Q. le 9
N.L. le 16. Pq. 24. P.L. 31

NOVEMB.
Décrois. 40' m. 39' s.

1	j	TOUSSAINT.
2	v	Trépassés.
3	s	s. Marcel, *év.*
4	D	s. Charles.
5	l	s* Berthilde.
6	m	s. Léonard.
7	m	s. Wilbrod.
8	j	stes Reliques.
9	v	s. Mathurin.
10	s	s. Léon.
11	D	s. Martin.
12	l	s. Réné, *év.*
13	m	s. Brice, *év.*
14	m	s. Maclou.
15	j	s. Eugène.
16	v	s. Eucher.
17	s	s. Agnan.
18	D	s* Aude.
19	l	s* Elisabeth.
20	m	s. Edmond.
21	m	Pr. de la V.
22	j	s* Cécile.
23	v	s. Clément.
24	s	s* Flore, *v.*
25	D	s* Catherine.
26	l	s* G'nev. A.
27	m	s. Séverin.
28	m	s. Sosthènes.
29	j	s. Saturnin.
30	v	s. André.

D.Q. le 7. N.L. le 14
P.Q. le 23. P.L. le 30

DÉCEMB.
Décrois. 8' m. 8' s.

1	s	s. Eloi.
2	D	Av. s. Fr.-X.
3	l	s. Miracle.
4	m	s* Barbe.
5	m	s. Sabas, *ab*
6	j	s. Nicolas.
7	v	s* Fare, *v.*
8	s	Conception.
9	D	s* Léocadie.
10	l	s* Valère.
11	m	s. Daniel.
12	m	s. Ramus.
13	j	s* Luce, *v.*
14	v	s. Nicaise.
15	s	s. Mesmin.
16	D	s* Adélaïde.
17	l	s* Olympe.
18	m	s. Gatien.
19	m	s. Meuris. 4 T.
20	j	s. Philogone.
21	v	s. Thomas, *ap*
22	s	s. Honorat.
23	D	s* Victoire.
24	l	s. Yves, *v. f.*
25	m	NOEL.
26	m	s. Etienne.
27	j	s. Jean, *ap.*
28	v	ss. Innocents.
29	s	s. Thomas C.
30	D	s* Colombe.
31	l	s. Sylvestre.

D.Q. le 6. N.L. le 14
P.Q. le 22. P.L. le 30

DÉCRET

SUR LA COLONISATION DE L'ALGÉRIE.

ARTICLE PREMIER. Un crédit de cinquante millions de francs est ouvert au ministre de la guerre sur les exercices 1848, 1849, 1850, 1851 et exercices suivants, pour être spécialement appliqués à l'établissement des colonies agricoles dans les provinces de l'Algérie et aux travaux d'utilité publique destinés à en assurer la prospérité.

Ce crédit sera réparti ainsi qu'il suit :

Exercice 1848.	5,000,000 fr.
Exercice 1849.	10,000,000
Exercice 1850 et 1851. .	35,000,000
Total égal. .	50,000,000

Un décret de l'Assemblée nationale déterminera ultérieurement la portion du crédit de 35 millions affectée à chacun des exercices 1850 et 1851 et suivants.

ART. 2. Le chiffre des colons qui bénéficieront des dispositions du présent décret, ne pourra excéder 12,000 âmes en 1848.

ART. 3. Les colonies seront fondées par des citoyens français, chefs de famille ou célibataires.

Les colons cultivateurs, ou qui déclareront vouloir le devenir, recevront de l'Etat, à titre gratuit, des concessions de terre d'une étendue de 2 à 10 hectares par famille, selon le nombre des membres de la famille, leur profession et la qualité de la terre, et les subventions nécessaires à leur établissement.

Les colons ouvriers d'art exécuteront, soit individuellement soit par association, tous les travaux d'installation des familles, et concourront aux travaux d'utilité publique reconnus indispensables pour le développement des colonies.

Lorsque les colons ouvriers d'art voudront se fixer dans un des centres des colonies agricoles, ils recevront, comme les premiers, dans la localité qui leur sera assignée, un lot à bâtir, un lot de terre et les prestations nécessaires pour faciliter leur établissement.

Art. 4. Les subventions de toute nature accordées pour la mise en valeur des terres ne pourront être allouées pendant plus de trois années. Cette durée de temps comptera à partir du jour où chaque colon aura pris possession de son lot.

A l'expiration de ces trois années, les habitations construites par eux et les lots qui leur auront été affectés deviendront la propriété des colons, à la condition de se conformer aux décrets qui régiront la propriété en Algérie.

Art. 5. Tous les concessionnaires dont les lots ne seront pas mis en rapport dans le délai de trois ans, pourront être dépossédés suivant les formes et les règles de la législation en Algérie, à moins qu'il ne puissent justifier de cas de force majeure.

Art. 6. Les concessionnaires ne pourront, pendant les six premières années de leur mise en possession, aliéner les immeubles à eux concédés, qu'à la condition de rembourser à l'Etat le montant des sommes dépensées pour leur installation.

Art. 7. Les colons seront soumis aux lois et arrêtés en vigueur dans les territoires sur lesquels ils auront été placés.

Dans le délai d'un an, ou plus tôt s'il est possible, les colons agricoles seront assimilés pour le régime municipal et judiciaire aux communes des territoires civils.

Art. 8. Les allocations, subventions et dépenses de toute nature seront ordonnées, réparties et distribuées par les soins du fonctionnaire civil ou militaire.

Art. 9. Une commission nommée par le pouvoir exécutif vérifiera les titres des colons et désignera ceux qui seront admis à jouir du bénéfice du présent décret.

Art 10. Les colons seront dirigés sur l'Algérie dans le plus bref délai possible.

Les frais de route, de traversée, de transport des effets et du mobilier seront au compte de l'État, et prélevés sur le crédit ouvert par l'art. 1er du présent décret.

Art. 11. Un règlement pourvoira à toutes les mesures de détail propres à assurer l'exécution du présent décret.

Art. 12. Les droits des colons, de leurs femmes, enfants et héritiers, seront garantis par le règlement mentionné dans l'article 11.

Art. 13. Les sommes restées sans emploi sur le crédit de 5 millions accordé pour l'exercice 1848, seront reportées sur l'exercice 1849.

(19 Septembre 1848. *Assemblée nationale.*)

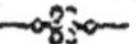

INSTRUCTION POUR LES COLONS.

L'embarquement des bagages se fait la veille du départ de huit heures du matin à huit heures du soir.

Chaque colon titulaire, chef de famille ou célibataire, recevra à sa mairie une carte blanche, sur laquelle figureront son numéro d'admission et le nombre des membres de sa famille.

Il ne sera admis à l'embarquement que sur le vu de cette carte, qu'il échangera contre une carte de couleur indiquant le nombre des places auxquelles il a droit et le bateau sur lequel il doit être placé. Il devra conserver cette carte pendant tout le voyage.

Le poids du bagage est fixé à 50 kilogrammes par tête ; les enfants au-dessous de deux ans n'ont pas droit aux bagages.

Les bagages doivent consister uniquement en effets de lingerie, de literie et d'habillements ; les meubles sont strictement exclus, comme trop encombrants et susceptibles d'avaries.

Indépendamment de ces effets, les colons sont autorisés à emporter des outils, pourvu toutefois qu'ils ne dépassent pas un poids raisonnable et qu'ils soient d'un transport facile.

Pour les commodités de l'arrimage et du voyage, les effets et outils devront être fractionnés en lots d'un placement facile. Il est à désirer que les paquets d'effets ne dépassent guère en hauteur 40 à 45 centimètres et 50 à 55 en longueur. Ils devront être accompagnés de marques qui permettent de les reconnaître.

Les colons ne pourront embarquer avec eux que les objets absolument nécessaires au voyage; tout le reste sera déposé sur le bateau fourgon.

Dans l'intérêt de la santé des colons, et pour éviter un encombrement fâcheux sur les bateaux, les colons ne pourront avoir avec eux qu'un matelas pour deux personnes. Les autres matelas, soigneusement roulés, seront placés sur le bateau fourgon : quant aux objets de literie où entre de la plume, ils ne peuvent être admis attendu qu'ils sont sans emploi en Algérie.

Il est essentiel que les colons se munissent, autant que possible, d'une couverture par personne.

Chaque colon devra être pourvu d'un couteau, d'une cuillière, d'une fourchette, d'un vase à boire, s'il ne veut pas se servir du gobelet commun.

Les colons auront, du jour de l'embarquement de leurs bagages, la faculté de rester et de coucher à bord.

Les colons ne pourront emmener ni chiens ni aucune autre espèce d'animaux.

LETTRES

D'une famille de Colons du 12ᵉ convoi.

ADOLPHE L... A FRÉDÉRICH G...

> Sol natal ! sol d'amour où reposent nos pères,
> Où nous avons reçu les baisers de nos mères ,
> Vu nos premiers soleils, formé nos premiers pas,
> Terre sainte, malheur à qui ne t'aime pas !
>
> (COMMERSON, *les Trente.*)

Le 19 novembre 1848 était un jour de fête à Paris ; le gouvernement avait décrété que le peuple s'amuserait. Il devait y avoir concerts et feux d'artifice. Le peuple n'ayant pas assisté à la grande convocation de troupes du 12 novembre, le gouvernement avait cru devoir provoquer de nouveau l'enthousiasme en faisant une seconde fête de la Constitution. Nos gouvernants pensaient que le froid et la pluie étaient les causes uniques de la froideur extrême avec laquelle avait été accueillie l'œuvre de l'Assemblée nationale.

Erreur !

Est-ce que le froid avait empêché cinq cent mille âmes de venir, le 15 décembre 1840, saluer les cendres de celui, qui, il est vrai, courba la France sous son joug de fer, mais sut la faire respecter et la placer à son véritable rang parmi les nations, au premier ?

Est-ce que la pluie empêcha un plus grand nombre encore d'individus de se rendre à la cérémonie de la Bastille, en l'honneur des victimes des journées de février 1848 ?

Non ! ni le froid ni la pluie ne peuvent avoir prise sur les individus quand le cœur est content ou que l'on accomplit un devoir de reconnaissance; mais ce qui a fait accueillir la proclamation de la Constitution avec indifférence, c'est que cette œuvre ne contient pas tout ce que le peuple avait espéré obtenir après les événements de février et l'établissement d'une République saluée avec tant d'enthousiasme par la France entière.

Non, le peuple qui n'a pas obtenu le droit au travail, mais seulement le droit à l'assistance, ne peut manifester aucune joie à l'approche de l'hiver qui doit augmenter ses souffrances. En l'absence de l'espoir de pouvoir réaliser ce vœu des patriotes ouvriers de Lyon, qui se trouve du reste dans le cœur de tous les ouvriers : « Vivre en travaillant ! » comment pourrait-il se réjouir ?

Non, l'ouvrier n'a plus d'espoir ! la misère qu'il a endurée pendant les neuf mois qui viennent de s'écouler, n'est rien en comparaison de ce qui lui est réservé peut-être. Le froid doit augmenter ses peines; tout ce que la misère a de plus horrible l'attend. — Où sont les effets qu'il pourrait mettre en gage ? — Où sont ceux qu'il pourrait vendre ? — Il ne lui reste plus rien !......

Ce lit où après une journée du plus rude labeur il venait retremper ses forces et trouver parfois une étincelle de bonheur, un instant d'oubli de ses peines dans les bras d'une compagne bien-aimée, ce lit a été depuis longtemps déjà remplacé par quelques bottes de paille qui tombent en pourriture.

Ces ustensiles de ménage, devenus inutiles, il est vrai, par l'absence d'aliments à préparer, ces ustensiles achetés au prix de tant de privations et dont sa femme se plaisait à entretenir la propreté, ont été vendus pour acheter quelques kilogrammes de pain.

Ce berceau où couchait autrefois leur enfant chéri, et que la pauvre mère s'était plu à orner avec plus de soin et d'amour qu'une dévote n'en prend pour orner une chapelle; ce berceau où la pauvre ouvrière se plaisait à contempler la petite créature qui lui souriait et pour laquelle son amour était plus grand que l'amour divin; ce berceau, non pas doré comme celui donné par la ville de Paris au petit-fils de Louis-Philippe, et dans lequel couche actuellement, dit-on, la fille d'un de nos représentants; ce berceau, produit des veilles du père, a été livré au brocanteur en échange de quelques sous destinés à prolonger l'existence du malheureux enfant auquel il servait et qui maintenant repose sur la paille infecte, auprès de ses parents affamés.

Un journal blâmait dernièrement l'administration municipale de ce qu'elle donnait aux malheureux des bons pour de la charcuterie. Il disait que la viande de bœuf était plus salutaire, qu'un bon pot-au-feu était ce qui pouvait le mieux réparer les forces de l'indigent. Sans doute; mais, comment le faire ce pot-au-feu? Avec quoi se procurer le bois, les légumes et le sel, si cher pour le pauvre, à si bon marché (comparativement) pour le riche? Je suis bien loin de le nier, une livre de bœuf mise au pot vaut bien mieux que les quarante centimes de charcuterie malsaine que l'ouvrier sans travail reçoit, mais au moins cela est cuit, et malheureusement, avec sa livre de bœuf, qu'il lui serait impossible de faire cuire, le pauvre ouvrier serait obligé de faire comme les sauvages et de manger la viande crue.

Oui, certains ouvriers, et malheureusement nous en connaissons tous deux, sont maintenant dénués de tout; effets, meubles, outils, tout a été vendu successivement, soit pour manger, soit pour payer des termes de loyer arriérés.

> Ceux-là, dans la calamité,
> Réduits à toute extrémité,
> *Et sans travail*, sans sou, ni maille,
> Se verront mourir sur la paille.
>
> (SCARRON.)

Voilà ce qui avait fait accueillir froidement la fête de la Constitution ; voilà la position affreuse dans laquelle se trouve le travailleur ; voilà ce qu'il faudrait qu'il puisse oublier pour se réjouir !

Malgré cela, le 19 novembre était, comme je vous l'ai dit en commençant, un jour de fête officielle pour la ville de Paris, et ce jour était un jour de deuil pour notre famille. Notre père et sa femme, âgés, celui-ci de cinquante-trois ans et celle-là de quarante-huit ans, allaient, après trente-deux années passées dans une heureuse union, chercher dans une autre patrie le *pain quotidien* que Dieu, malgré leurs prières et leur courage, leur refusait en France. Ils quittaient un pays contenant neuf millions cent quatre-vingt-dix mille hectares de terres incultes qui appartiennent soit au gouvernement, soit aux communes, soit à des particuliers (1) pour trouver deux hectares de terre à cultiver.

Ces deux pauvres gens, vieillards déjà, allaient dans ce pays où les Romains maîtres du monde ne purent se maintenir ; ils allaient :

> Sur les décombres du royaume
> Dont Annibal fut le géant.
>
> (P. DE VALABREGUE.)

chercher un abri qui leur manquait en France, et déraciner, à la sueur de leur front, des palmiers nains pour semer à la place le blé qui doit leur fournir le pain qui allait leur manquer au milieu de leurs parents, aussi malheureux qu'eux-mêmes.

L'acte le plus solennel, a dit Louis Desnoyers, le plus douloureux de cette vie, hélas ! et le plus inévitable, c'est celui d'un voyage. Il n'est personne, je le dis à la louange de l'humanité, personne, si insensible qu'on le suppose en toute autre circons-

______
(1) *Extinction du Paupérisme*, par Louis-Napoléon Bonaparte.

tance, qui, en quittant le foyer domestique, ce paisible, ce
doux nid de l'homme, n'éprouve au fond de l'âme une invincible tristesse, un mélange inexprimable de doux regret pour
le passé et de vague terreur pour l'avenir. Il faut l'éprouver tôt
ou tard ce serrement de cœur, ce frisson de l'adieu. La vie n'est
qu'un continuel départ ; la mort n'est qu'une dernière séparation. Mais qu'est-ce donc lorsqu'on abandonne tout ce qu'on
aime, tout ce qui nous aima ! lorsque c'est pour mettre, entre
son cœur et le cœur des siens, un abîme infini ! lorsqu'enfin on
quitte à la fois, et pour toujours peut-être, son pays, le lieu de
sa naissance et le foyer de sa famille. Nous dirons-nous : sans
doute à tout âge c'est une peine cruelle que de s'éloigner du
foyer domestique, mais combien cette peine est plus grande
pour celui qui est déjà avancé dans la vie !

Ce logement qu'il quitte et où il espérait terminer en paix
sa modeste existence lui rappelle tant de souvenirs ! Ce logement,
c'est celui qu'il a occupé lors de son union ! c'est là qu'il reçut pour la première fois les caresses de sa vertueuse compagne !
c'est là qu'est né son premier enfant ! Il faut dire adieu à tous
ces souvenirs ; il faut laisser derrière soi tout ce qui vous rappelait la joie ou le bonheur pour aller dans un pays inconnu,
avec des gens qui ne vous connaissent point, avec lesquels vous
n'avez jamais eu de rapport et qui n'ont pour vous que les sentiments de bienveillance dus à un confrère en malheur ; qui ne
peuvent avoir pour vous ces sentiments d'amitié qui font tant
de bien.

Encore si l'on pouvait partir avec tous les siens ; mais la position ne le permet quelquefois pas. Ma femme, ma bonne J....
pouvait-elle se séparer de moi ? Si Jésus a dit : l'homme quittera
son père et sa mère, il demeurera attaché à sa femme, et ils ne
feront qu'une seule chair, le Code civil a prescrit le même devoir à la femme. Moi, leur gendre, ou plutôt leur fils, qui,
privé de mes père et mère dès le plus jeune âge, qu'un terri-

ble fléau a rendu orphelin si jeune, ai marché seul dans la vie pendant tant d'années perdrai-je les nouveaux parents que je m'étais choisi? Moi qui n'ai presque jamais entendu murmurer à mes oreilles le doux nom de fils, irai-je, pour ne pas me séparer de ma nouvelle famille, me faire berger, comme Jacob, pendant sept ans pour mériter ma Rachel? non, cela m'est impossible. Possesseur d'un modeste emploi, obtenu après de longs services militaires et qui m'assure une retraite, je dois persévérer dans la carrière que j'ai parcourue depuis quinze années déjà, et conserver les moyens d'élever et d'instruire le fils que Dieu a daigné me faire espérer. Entreprendre une carrière qui présente seulement des espérances, ce serait se rendre indigne de l'obtenir.

Il a donc fallu qu'ils partent seuls, bien seuls; car ce chien, ce ami fidèle qui d'après ce tableau que vous connaissez et devant lequel tout le monde s'est attendri, ne se croit pas dégagé de ses devoirs par la mort même, et qui va accompagner son maître jusqu'à la dernière demeure; ce défenseur de leur propriété quand ils possédaient quelque chose, ce camarade d'infortune avec lequel ils eussent avec bonheur partagé leur dernier morceau de pain, cette image parfaite de la fidélité sur la terre, il faut aussi s'en séparer; la commission de colonisation le prescrit, aucun animal ne peut être emmené, il n'y a pas d'exception pour les chiens; je me trompe, l'exclusion à leur égard est formelle.

Sans doute le travail pour l'homme et les douleurs de l'enfantement pour la femme ont été imposés par Dieu. — Oui, Dieu a dit à l'homme: Tu mangeras ton pain à la sueur de ton visage. — Oui, c'est un besoin de travailler pour vivre: c'est un droit, c'est un devoir, a dit Proudhon. Mais le travail devait être adouci par les joies de la famille; mais les douleurs de l'enfantement devaient être rachetées par les douceurs de la maternité, et eux, les pauvres exilés, doivent encore avoir le travail, mais ils doivent être privés, peut-être pour toujours, des joies de la famille et du plaisir de voir leurs enfants. Oh! malheur! malheur! trois fois malheur à la société qui se trouve organisée de manière à ce que pareille chose soit possible!

Nouveaux juifs errants, ils partent donc accomplir la pénitence que Dieu leur a imposée, et qui, cela console du moins, n'a été méritée par eux par aucun sentiment d'inhumanité. Comme Job, ils répètent en pensant à leurs enfants : Dieu me les avait donnés, Dieu me les a ôtés : que sa sainte volonté soit faite. Comme Ashaverus ils marchent en attendant le jour du repos, certains qu'ils sont d'être récompensés là-haut des peines qu'ils auront endurées sur la terre.

Ils répètent ces paroles de l'*Imitation* : « Quel est celui à qui tout succède selon qu'il le souhaite? Ce n'est ni vous, ni moi, ni qui que ce soit sur la terre. Il n'y a personne en ce monde, fût-il roi ou pape, qui n'ait quelque affliction et quelque traverse. — Hélas! quelle est cette vie, où l'on n'est jamais sans affliction et sans misère? — La bonne conscience peut supporter beaucoup de choses, et goûte une grande joie au milieu des adversités. »

Oui, mon cher Frédéric, mon père et ma mère sont partis ce matin.

> Mais nous nous reverrons; c'est là leur seul espoir;
> Nous convînmes d'un jour; heureuse impatience!
> D'un tendre cœur c'est le premier devoir;
> Quand on est bien d'intelligence
> Avant de se quitter, on pense à se revoir.
>
> (DE ROZOY.)

J'ai voulu de suite épancher mon cœur en vous écrivant, mais je ne puis maintenant vous donner des détails sur leur départ, je n'aurais pas la tête à cela; je m'arrête et reprendrai plus tard cette lettre déjà bien longue.

MÊME LETTRE.

Je reprends ma lettre pour vous donner des détails sur ce qui s'est passé au départ de mon père.

Comme tous les dimanches et tous les jeudis précédents, le quartier du quai Saint-Bernard (1) et celui de l'île Saint-Louis, étaient visités par une foule immense qui attendait le départ des colons. M. le ministre du commerce et de l'agriculture. les membres de la commission de colonisation, un assez grand nombre de représentants, revêtus de leurs insignes, plusieurs maires et adjoints assistaient à cette imposante solennité. M. le curé de Saint-Méry s'y trouvait avec son clergé, et un nombreux piquet de gardes nationaux de la 7ᵉ légion était venu y accompagner M. Christophe, lieutenant de cette légion, choisi parmi les colons pour porter le drapeau de la commune de Marengo.

A dix heures moins un quart, les colons étaient sur leurs bateaux, et l'auditoire qui se pressait sur le pont ayant formé le demi-cercle, M. le représentant Corbon, membre de la commission, a pris la parole en ces termes :

« Colons de l'Algérie, chers concitoyens,

« Au nom de la commission, au nom de cette population immense qui vient assister à votre départ, au nom de la France entière, je viens vous donner le salut d'adieu !

« Croyez-le bien, chers concitoyens, ce n'est pas une humble mission que vous allez accomplir ; vous ne devez pas vous considérer, et la France ne vous considère pas comme des in-

(1) On voyait autrefois, à la Porte-Saint-Bernard, Louis XIV tenant une corne d'abondance avec cette inscription : *Ludovico Magno abundantia parta.* Un Gascon traduisit *abundantia parta* par l'abondance est partie ; ce contre-sens n'en serait pas un pour le moment.

1*

fortunés qui, ne trouvant ni travail ni pain dans leur patrie, vcnt chercher le pain par le travail sur une terre étrangère ! Votre mission est plus haute et plus noble : il faut que vous en ayez conscience. Vous pouvez porter le front haut ; car vous aussi vous êtes des conquérants! Vous allez sur la terre d'Afrique achever l'œuvre commencée par notre glorieuse armée. Elle a vaincu les obstacles humains, vous allez vaincre la nature ; vous allez agrandir le sol nourricier de la France ; vous allez féconder cette terre africaine qui n'a été rebelle qu'à l'ignorance, à la paresse, à la barbarie, et qui réserve tous ses trésors au travail énergique et intelligent, au travail que rien ne rebute.

« Que la pensée de la grande œuvre que vous entreprenez vous soutienne ; car ce n'est pas seulement pour vous que vous allez travailler. Ceux qui ne pensent qu'à eux-mêmes se découragent facilement ; l'égoïsme inspire la lâcheté. Mais si vous êtes bien pénétrés de cette idée qu'en travaillant pour vous vous travaillez en même temps pour la patrie, il n'est point de difficultés que ce sentiment ne puisse vous faire surmonter, et vous les surmonterez.

« Vive donc, vive la colonie !

« Chers concitoyens, voyez ce drapeau ! c'est le symbole de la République démocratique, de la République qui veillera sur vous avec la plus vive et la plus profonde sollicitude! Voyez cet autre signe, la croix! c'est le signe de la foi, du dévouement et de l'espérance ! Que ces deux symboles soient toujours présents à votre pensée, et vous réussirez.

« Vive la colonie, vive la République ! »

Immédiatement après cette allocution, qui a été suivie des plus vives acclamations, M. Trélat, président de la commission, reçut le drapeau des mains de l'officier qui le tenait et le remit au lieutenant de la garde nationale qui doit le porter en Algérie.

M. le curé de Saint-Méry, avant de le bénir, a prononcé un discours animé du double amour de la religion et de la République. C'est un bonheur de voir le clergé, si longtemps divisé avec les gouvernements qui ont précédé celui-ci, comprendre de toutes parts que la République doit rallier tout ce qu'il y a de puissant et de durable parmi les hommes. Voici les dignes et patriotiques paroles de M. le curé de Saint-Méry :

« Mes bien chers frères,

« Ce n'est pas sans une vive et profonde émotion que nous venons en ce jour vous bénir au nom de la religion et de la patrie. Au moment solennel de votre départ, deux sentiments contraires se combattent, pour ainsi dire, dans notre âme : un sentiment de tristesse et de regret, parce que nous vous aimons et qu'on ne se sépare pas de ceux qu'on aime sans quelque déchirement de cœur ; et un sentiment de confiance et de bonheur, parce que nous avons foi au succès de l'œuvre que vous allez fonder. Oui, mes bien chers frères, nous croyons à votre prospérité future. Dieu fécondera vos travaux : les sillons que vous allez arroser de vos sueurs vous réjouiront un jour par des moissons abondantes ; vous rendrez à une terre, jadis l'une des plus riches du monde, sa fertilité première, et plus tard vous aurez la douce satisfaction de léguer à vos enfants un patrimoine honorable, fruit de votre dévouement pour eux et de votre courage.

« Partez sous la protection de Dieu ; il vous préservera de tout mal pendant votre voyage ; il vous soutiendra de son appui quand vous serez heureusement parvenus au terme.

« Allez, pleins d'espérance et d'avenir, vous fixer sur une terre que vous ne devez pas regarder comme une terre étrangère. L'Algérie, c'est une France nouvelle ; je dirai mieux, c'est une partie de la France, une province de plus ajoutée à nos antiques provinces. Vous y porterez comme nous et vous y honorerez, j'en suis sûr, le nom et le titre de Français, et par là même vous en conserverez tous les priviléges. Vous demeurerez unis à la mère-patrie comme une fille à sa mère, et si jamais on osait vous dire qu'elle pourra vous oublier ou vous abandonner, ne le croyez pas.

« Non, jamais la France n'oubliera ses chers colons d'Afrique; jamais elle ne souffrira que vous soyez dépossédés, soit par l'ambition d'une nation rivale, soit par une nouvelle invasion des tribus barbares. Votre bravoure et votre patriotisme suffiront sans doute pour faire respecter vos propriétés, vos personnes et vos familles; mais si jamais vous aviez besoin d'un plus puissant secours, la mère-patrie, croyez le bien, ne vous le ferait pas attendre, et si les dangers devenaient plus extrêmes, nous, prêtres catholiques, à l'exemple de saint Bernard et de Pierre l'Ermite, nous prêcherions, s'il le fallait, une nouvelle croisade; l'amour de la religion et de la patrie enfanterait de vaillants capitaines, d'invincibles soldats qui voleraient à votre défense, et les nations ennemies ou jalouses apprendraient que la France se lève comme un seul homme quand il s'agit de l'honneur de son drapeau, des droits de ses légitimes conquêtes, de l'inviolabilité de son territoire et du salut de ses enfants.

« Allez donc, avec assurance, planter sur tous les points de l'Algérie notre glorieux drapeau national; mais n'oubliez pas que la France, depuis quinze siècles, honore un autre étendard, un étendard divin, la croix, qui a civilisé les nations, affranchi les peuples et sauvé le monde. La Providence vous donne la noble mission d'aller l'arborer une seconde fois sur la terre d'Afrique. Ce signe auguste de nos saintes croyances, cet emblème sacré de la religion de nos ancêtres, vous le rendrez vénérable par votre fidélité aux devoirs du christianisme au milieu d'un peuple infidèle, égaré par les enseignements d'un faux prophète. Le peuple avec lequel vous allez vous confondre n'en est pas moins religieux jusqu'au fanatisme : il vous regarderait en pitié, peut-être même avec défiance et dédain, permettez moi de vous le dire, s'il vous croyait impies ; s'il vous voyait sans temples, sans prêtres, sans prières, sans religion et sans Dieu.

« Mais non, bien-aimés frères, nous avons de vous une opinion meilleure.

« Des temples, vous en aurez bientôt ; vous les construirez vous-mêmes ; vos mains seront heureuses de les élever à la gloire du Dieu des chrétiens.

« Des prêtres, l'Église vous en donnera ; un saint pontife vous attend au rivage pour vous mettre sous la houlette d'un autre pasteur.

« La prière, tous les jours vous la ferez monter humble et fervente jusqu'au trône de Dieu, pour en faire descendre sur vous des bénédictions sans nombre.

« La religion, vous la regarderez comme votre sauvegarde. vous vous y attacherez par le fond de vos entrailles ; elle sera votre guide et votre consolation, toujours et partout, à la vie et à la mort.

« Dieu, notre créateur et notre maître, vous le trouverez au-delà des mers comme sur votre terre natale, parce qu'il remplit tout par son immensité ; nulle part vous n'échapperez à son regard divin : partout il sera témoin de vos bonnes ou mauvaises actions, de vos combats, de vos triomphes ou de vos défaites.

« Si vous demeurez sous l'impression de cette grande pensée, votre vie au milieu des Arabes mahométans exercera sur eux la plus salutaire influence. Vous les préparerez doucement, et peu à peu, à la civilisation chrétienne ; vous les disposerez à recevoir un jour les lumières de l'Evangile ; vous leur ferez aimer son culte, sa morale, ses vertus, ses préceptes. Quand ils verront vos habitudes de famille, le mari plein d'amour et d'égards pour sa femme, la femme pleine de déférence et de tendresse pour son mari, les fils pleins de respect et de docilité pour leurs pères, les pères pleins de sollicitude et de dévoûment pour leurs enfants ; quand ils vous verront n'ayant tous qu'un cœur et qu'une âme, vous entr'aidant, vous prévenant d'honneur les uns les autres ; quand ils vous connaîtront bons, chastes, tempérants, justes, laborieux, charitables, patients au milieu de vos peines, ils seront forcés de vous admirer, et bientôt ils ne pourront s'empêcher d'aimer une religion qui produit de telles merveilles.

« C'est ainsi que les vertus des premiers chrétiens gagnaient plus de disciples à l'Evangile que les prédications et les miracles des apôtres.

« C'est ainsi que vous gagnerez vous-mêmes tout un peuple à la vérité et à cette unité parfaite qui, dans une nation, est une source de paix et de prospérité, et le triomphe de la charité.

« Adieu, mes bien chers frères ; adieu, vous surtout qui étiez mes paroissiens bien-aimés. Si nous nous séparons, ce n'est pas pour toujours. Bientôt nous nous retrouverons ailleurs. Ce monde passe vite, la vie est bien courte ; mais après la vie présente, arrive la vie du ciel pour ceux qui travaillent à la mériter ; et là, il n'y aura plus de larmes, plus de cris déchirants, plus de cruelles séparations. En attendant, je penserai souvent à vous comme un père pense à ses enfants. Je serai heureux de croire que vous conserverez vous-mêmes, pour votre pasteur, un filial souvenir ! Adieu ! Adieu ! »

Les sentiments, les pensées que M. Annat a exprimées dans ce discours ont tenu l'auditoire continuellement ému, et lui ont arraché à plusieurs reprises les témoignages les plus éclatants de son approbation.

Après la bénédiction, le drapeau, suivi de M. le ministre du commerce, de la commission, de MM. les représentants Rampont, Tillancourt, Woirhage, Simiot, Allier, Jouin, et d'un assez grand nombre de dames, s'est mis en marche et a pris place sur le bateau remorqueur. Au moment où l'embarcation s'est ébranlée, une école de jeunes enfants du 7e arrondissement, rangée sur le bord du fleuve et ayant au milieu d'elle son curé et ses instituteurs, a fait entendre, pendant le défilé des bateaux, des chants patriotiques, suivis des cris et des bravos de toute la population réunie.

A ce moment je suis allé avec ma femme me placer auprès du pont d'Austerlitz, et de la place que nous occupions, nous avons pu voir mon père qui était monté sur le bateau et l'accompagner de nos yeux ; profitant même d'un instant pendant lequel la musique faisait silence, j'ai pu lancer son nom dans l'espace et recevoir alors un nouvel adieu.

Le ministre, la commission et les représentants ont reconduit les colons jusqu'au Port-à-l'Anglais (qui devrait prendre à l'avenir le nom de Port-aux-Colons), et le convoi a été constamment accompagné jusqu'au même point par une foule considérable. Rien de plus touchant, mon cher Frédéric, que ce saint pélérinage de ceux qui semblent ne pouvoir se détacher de leurs proches et de leurs amis, ni rien de plus grand que le moment où le drapeau national, d'abord arboré sur le bateau à vapeur, descend dans une petite barque et va rejoindre les colons, pendant que le remorqueur passe devant eux en les saluant de ses adieux et de ses acclamations républicaines. A ce moment solennel, tous les yeux des spectateurs se remplissent de larmes et chacun se retire attendri en se répétant ces paroles de Ch. Comte, qu'a si bien paraphrasées le représentant du peuple Corbon :

« Les hommes qui rendent la terre plus fertile ne sont pas moins utiles à leurs semblables que s'ils en créaient une nouvelle étendue. »

Ma femme et moi sommes alors tristement rentrés chez nous

pour pleurer l'absence de parents chéris, et je suis heureux d'avoir pu épancher ma douleur dans le sein d'un véritable ami, comme vous l'êtes, mon cher Frédéric.

L. J. B. A. L.....

PIERRE H... A ADOLPHE L...

> Béni soit le sol qui nourrit ceux qui le remuent.
> (*Notes sur l'Algérie*, par le colonel D....)

> Chuquel los pirela, — cocal terela.
> Chien qui marche, os trouve.
> (*Proverbe bohémien.*)

Grâces à Dieu, nous sommes arrivés en bonne santé à Cherchell, et je m'empresse, mes chers enfants, de vous en donner avis pour vous tirer d'inquiétude.

Après avoir navigué sur les divers canaux nous sommes arrivés à Marseille le 3 décembre, au nombre de huit cent cinquante individus environ, parmi lesquels beaucoup de femmes

et d'enfants, par un train spécial du chemin de fer. Au débar-·
cadère notre convoi a été dirigé immédiatement vers le Laza-
ret où se trouvait déjà le précédent convoi qui, faute de navire,
n'a pu encore être transporté en Algérie.

J'ai profité de ce temps d'arrêt pour aller voir M. C..., qui
m'a reçu en véritable ami, et qui m'a servi de *cicerone* pour
visiter la ville.

Marseille est celle des cités françaises dont l'histoire cer-
taine remonte à une plus haute antiquité. Je ne te ferai pas
son histoire, cela m'entraînerait trop loin. Je te ferai remar-
quer seulement que cette ville, qui avait un gouvernement ré-
publicain trois siècles avant J.-C., fut celle qui prit part la
première, après Paris, et presque aussitôt que Paris même, à
la Révolution de 89.

Le patois provençal est l'ancienne langue romane, idiome
riche, harmonieux et littéraire. La plupart des habitants, qui
n'ont eu l'occasion d'étudier le français que dans leur pays, se
servent d'une singulière façon de la langue nationale : « Combien y a-t-il, me disait un habitant, que vous *manquez* de
Paris ? — Comme vous voilà fait ! *on vous a marché dessus*,
et votre habit est tout *péri*. — Vous n'avez pas été indisposé
pendant votre voyage ? Vous n'avez pas eu *la rhume* ? — Et
madame votre *espouse* ? — Elle a été un peu indisposée. —
Oh ! avec un peu de soin vous *risquez* qu'elle soit vite guérie.
— Ce qui me remit en mémoire un de leurs proverbes : *Dous
bouen jours à l'houmé su terro, quand pren mouillé e quand
l'enterro.* L'homme a deux bons jours sur terre, quand il
prend une femme et quand il l'enterre. Me parlant de ma fille
et me demandant si elle ressemblait à sa mère ou à moi, il me
disait : « Est-ce qu'elle vous donne de l'air ? etc. »

Me plaignant de n'avoir pu conserver qu'une fille, ce qui
me privait de société maintenant, il s'empressa de me citer ce
proverbe de son pays, afin de me consoler : *Pan fresc, proun*

fillos e boues verd, mettous leou l'houstaou en désert. Du pain frais, beaucoup de filles et du bois vert, mettent bientôt la maison au désert.

Parmi les personnes célèbres à divers titres qui ont reçu le jour à Marseille, il faut citer : Barbaroux ; Barthélemy (un des auteurs de la *Némésis*) ; Chabert, lieutenant-général ; les demoiselles Clary, dont l'une, Julie, a épousé Joseph-Napoléon, et l'autre, Eugénie, a été mariée à Bernadotte ; Gavaudan, acteur célèbre ; Mignet, etc., etc.

C... m'a fait visiter la fameuse rue de la *Canebière.* J'en conviens, même pour un Parisien, pour moi, si franc admirateur de Paris, et si enragé promeneur du quartier des Champs-Elisées de la capitale, cette rue peut sembler belle ; c'est à la fois une rue superbe, un bazar, une place, une grande route, et une promenade ; c'est le point central de la ville, la ligne de communication entre le port et le grand cours, et de jonction entre la vieille et la jeune Marseille.

J'ai également visité le fort de Notre-Dame-de-la-Garde,

> Où l'on ne voit pour toute garde
> Qu'un Suisse avec sa hallebarde
> Peint sur la porte du château.

Le fort est peu de chose ; mais ce qui le rend digne de nombreuses visites, c'est le point de vue dont on y jouit sur la ville tout entière, la rade, les îles, les campagnes marseillaises et le superbe amphithéâtre qui les enclot.

J'ai encore vu le château d'If où Dantès-Monte-Christo fut enfermé avec Faria (voir l'historien Alex. Dumas). J'ai reconnu mon décor du Théâtre-Historique ; c'était encore un souvenir de Paris. J'ai vu le petit fort de Ratoneau, qui fut le théâtre d'une aventure assez singulière que je vais te conter.

En 1765, on comptait parmi le petit nombre de soldats qui en formaient la garnison un brave invalide nommé *Francœur.*

Il avait déjà donné quelques marques de démence ; mais on le croyait guéri, et ses camarades vivaient avec lui sans méfiance à cet égard. Un jour l'imagination de Francœur s'échauffa ; il conçut le projet de devenir roi de l'île Ratoneau (alors le métier de roi était assez bon). Il se trouvait en sentinelle à la porte du donjon ; il choisit le moment où la petite garnison étant sortie du fort pour aller chercher ses provisions accoutumées ; il était resté seul. Il abaissa la herse du pont-levis, courut au magasin à poudre, chargea les canons, rangea toute la mousqueterie sur les remparts et commença à tirer sur ses camarades répandus dans l'île, qui, tout étonnés, se réfugièrent dans le creux des rochers, et s'estimèrent ensuite heureux d'abandonner l'île à l'aide d'un bateau, dont le patron, effrayé par le feu continuel de l'invalide, ne se détermina qu'avec peine à aller les chercher.

Maître de toute l'île, Francœur se persuada facilement qu'il en était le souverain absolu. Par le fait, il ne dominait que sur les nombreux troupeaux de chèvres qu'on laissait paître dans cette île ; aussi en disposait-il au gré de son appétit. Mais il n'avait aucun moyen pour se procurer du pain et du vin... Quelques jours s'étaient écoulés sans qu'on pût aborder dans l'île, par le soin que Francœur prenait d'écarter tout ce qui lui paraissait suspect. Il remplissait seul toutes les fonctions militaires, sortait la nuit, un fanal à la main, pour aller reconnaître tous les postes intérieurs et extérieurs, et faisait même feu pendant le jour sur la garnison du château d'If. De cette place on s'aperçut des fréquentes sorties de l'invalide, et cette circonstance détermina le duc de Villars, alors gouverneur de Marseille, à donner ordre à une compagnie d'aller le surprendre. Les soldats profitèrent du moment où Francœur faisait sa ronde de nuit pour l'entourer et l'arrêter : « Braves gens, s'écria-t-il, ce sont les droits de la guerre, c'est en règle ; le roi de France est plus puissant que moi ; il a de bonnes troupes ; je me rends avec les honneurs de la guerre ; je demande seulement d'emporter mon havresac et ma pipe. » — Cette capitulation fut accordée sans difficulté ; il fut le lendemain conduit à la ville, dont il traversa les rues dans l'attitude d'un triomphateur. On assigna pour palais au monarque déchu l'hôpital des insensés. Il en fut retiré un an après pour être envoyé à l'Hôtel-des-Invalides. Depuis ce singulier événement le nom de *roi de Ratoneau* est devenu à Marseille une expression proverbiale, pour désigner un homme dont les espérances et les vœux sont hors de proportion avec les moyens.

C... ne m'a fait grâce ni d'un monument civil, ni d'un monument religieux. Il n'a eu garde d'oublier de me faire voir la fontaine de la place des *Fainéants,* dédiée en 1803 au peuple marseillais.

Parmi les choses extraordinaires, surprenantes, *mirobolantes,* que j'ai vues à Marseille, j'allais oublier de te citer un ministre de l'instruction publique du royaume de France venu dans cette ville à cette fin de prendre livraison d'un pape qui lui avait été annoncé par un correspondant.

Il s'en alla comme il était venu.

Nous pensions rester encore quelques jours à Marseille, lorsque l'ordre d'embarquer nous a été donné le 5 décembre. C'était la frégate à vapeur *le Cacique,* commandée par M. Cumac, capitaine de vaisseau, qui devait nous transporter en Algérie. Le golfe ayant été le théâtre d'une lutte violente entre les vents contraires, un grand nombre de bâtiments, déjà en mer, ont été forcés de regagner le port et obstruaient l'entrée. Un trois-mâts de Marseille, ayant été poussé par le vent du large contre la plage du Prado, s'y est échoué, ce qui ne nous a permis de partir que le 6.

Je passe sous silence notre traversée en mer, pendant laquelle nous avons été fort mal, plus mal que sur nos bateaux pontés ; enfin, le 8 décembre 1848, nous sommes arrivés à Scherchell ; nous étions en Algérie, l'Algérie que nous avions vue dans nos rêves.

Au fond, par l'éventail des verts palmiers masquée,
Comme un vase de fleurs s'élève la mosquée,
Découpant sur l'azur d'un ciel étincelant
Sa coupole octogone et son minaret blanc ;
Plus loin, c'est le sérail que nuit et jour épie
L'eunuque du Soudan ou de l'Éthiopie ;
Cette porte de marbre est celle du Fondouck,
Où l'Arabe, le soir, fume son long chibouck.
Le pieux pèlerin qui se rend à la Mecque
Y trouve le couscouss, la tranche de pastèque ;
Et, s'il est le plus pauvre, il aura le premier,
Pour s'endormir le soir, la natte du palmier.
Et puis, dans ce palais, on voit les galeries
S'arrondir mollement en arcades fleuries,
Et le marbre et le jaspe enlacer tour à tour
Leurs frêles chapiteaux, leurs fûts brodés à jour.
Des pavés de porphyre, aux rosaces des fresques ;
Partout en longs festons pendent les arabesques ;
Ce ne sont que divans, où sur l'or des coussins
Les almés ont laissé le moule de leurs seins.
Avec ravissement l'œil partout se repose !
Miroirs, coffres de bois de sandal et de rose ;
Sur les trépieds d'argent des cassolettes d'or,
D'où s'exhalent toujours dans ce long corridor
Les suaves parfums que l'Arabie-Heureuse
Éparpille au sérail d'une haleine amoureuse ;
Des baignoires d'albâtre où propice à l'amour
La jalousie envoie un pâle demi-jour ;
Des lits de citronnier dans leur blanc moustiquaire ;
De longs châles de Thèbes, des étoffes du Caire,
D'élégants narguillés dont l'eau donne en chemin
Au doux tabac de Smyrne un parfum de jasmin.
Derrière les rideaux de blonde mousseline
Des caftans bleus ou verts doublés de zibeline ;
Des chachias, des turbans jetés sur des habits
Dont le drap chamarré ruisselle de rubis ;

Autour, sur des piliers de marbre d'Italie,
Des armes en tous sens croisant leur panoplie ;
Des sabres de Damas à des flissahs unis,
Des burnous blancs et fins en laine de Tunis,
Des selles dont le cuir éclate en broderies,
Des mors d'acier, plaqués d'or et de pierreries,
Des vases, des cristaux, des colliers de corail,
Tous ces colifichets que l'on trouve au sérail ;
Trésors que l'Orient étale avec envie,
Et qui font à la vue, éblouie et ravie,
S'ouvrir comme une fleur ce monde étincelant
Des mille et une nuits découvert par Galand !

Voilà ce que nous avions rêvé, qu'avons-nous vu

Au lieu de ces blanches forêts
De piliers de porphyre et de fins minarets ;
Au lieu de ce palais à frêle colonnade
Qui rend même jaloux l'Alhambra de Grenade ,
On trouve des maisons de boue et de mortier,
Où, sur le mur, on lit : « s'adresser au portier. »
Des escaliers cirés, et sous des toits de tuile,
Des quinquets vous jetant au nez leur parfum d'huile.
Au lieu de ce kiosque aux vitraux de couleurs,
Plein d'oiseaux, de bassins, de femmes et de fleurs,
La Casbah déjà vieille et noire de fumée ;
Et sous les orangers, à l'ombre parfumée,
Un groupe de soldats qui vous jettent de loin
Du tabac caporal en guise de benjoin;
Au lieu de ces turbans, de ces vestes moresques,
Où l'aiguille brodait ses fines arabesques,
On heurte des dandys dans un frac étouffant,
Du ciseau de Chevreul sorti tout triomphant;
Et des femmes cachant, sous un long cachemire,
Des robes qu'on croirait venir de chez Palmire.

(Un voyage en Algérie, Désiré LÉGLISE.)

Enfin nous voici à Scherchell, où nous devons rester jusqu'à
ce que nous puissions nous rendre sur *nos* terres, soit à Marengo , soit à Novi, car Marengo-Novi n'existe pas ; par suite

des ordres du ministre de la guerre, le village situé à l'est de Scherchell s'appellera Marengo, et le village situé à l'ouest de cette ville prendra le nom de Novi, c'est-à-dire Marengo se trouvera entre Scherchell et Alger et Novi entre Scherchell et Tenez.

Avant de terminer cette lettre, je veux te donner des renseignements positifs sur Scherchell.

Scherchell est une toute petite ville, bâtie sur le bord de la mer, dans une plaine étroite, comprise entre la côte et le pied des montagnes. Elle est distante d'Alger d'environ soixante à soixante-douze kilomètres par mer. Elle peut compter vingt mille âmes de population dont mille deux cents Européens environ, sans nous compter.

Cette ville est renommée pour ses fabriques d'acier et de poterie, dont les Kabyles et les Arabes des environs font un grand usage. Elle a environ huit cents toises de circuit, mais elle était beaucoup plus considérable à l'époque de la domination romaine. La partie maintenant habitée se trouve au pied des ruines d'une grande ville. Ces ruines, dit Schaw (*Voyage dans la Régence*), sont presque aussi étendues que celles de Carthage, et donnent une haute idée de son ancienne magnificence, par les débris de belles colonnes, les citernes et les beaux pavés de mosaïque qui gîsent çà et là.

Les fontaines de cette ville étaient alimentées par l'eau de la rivière Hachem, qui y était conduite par un grand et somptueux aquéduc, lequel devait n'être guère inférieur à celui de Carthage, tant pour la hauteur que pour la dimension de ses arches. Divers fragments de cet ouvrage, disséminés dans les montagnes et les vallées au sud-est, attestent quelles furent sa solidité et sa beauté. On voit, en outre, deux autres conduits qui communiquent aux montagnes du sud-sud-ouest. Ils sont encore dans leur entier, et fournissent la ville de Scherchell d'excellente eau. Celle des puits est un peu salée.

Il serait difficile de trouver une position plus belle et plus avantageuse que celle de cette ville. Une forte muraille de 40 pieds de hauteur, soutenue par des contreforts, et qui suivait pendant l'espace de trois quarts de lieue les différentes sinuosités de la côte, la mettait à l'abri de toute attaque dans cette direction. A environ 200 toises de la muraille ci-dessus, se trouve un plateau sur lequel était bâtie la majeure partie de la ville, qui s'élevait ensuite graduellement, l'espace de 800 toises, à une hauteur assez considérable, d'où elle s'éloignait ainsi de la mer. Une des principales portes, du côté de la campagne, conduisait aux montagnes escarpées de la tribu des Beni-Menasser ; et, des deux autres qui sont du côté de la mer, l'une, située à l'ouest, était dominée par les montagnes de la tribu des Beni-Yifrah, et l'autre, qui était à l'est, s'ouvrait du côté du pays montagneux de Chenouah.

Scherchell se trouvant ainsi renfermé entre différentes montagnes, il était certainement facile de couper ses communications du côté de la campagne, et c'est, en effet, ce qui arrivait assez par la turbulence et le caractère hostile des tribus environnantes. Cette disposition des lieux semble ne laisser aucun doute que Scherchell ne soit l'ancienne Julia-Cæsarea, et explique ce que dit Procope, que les Romains ne purent jamais s'en approcher que par mer, tout accès du côté opposé étant impossible à cause des peuples du voisinage, lesquels étaient maîtres des défilés qui y conduisaient.

Il existe une ancienne tradition portant que la ville entière de Scherchell a été détruite par un tremblement de terre, et que son port, jadis très-grand et fort commode, fut bouleversé et encombré par l'arsenal et plusieurs autres édifices qui y furent précipités par une secousse extraordinaire. Le *Cothon*, qui communiquait avec la partie occidentale du port, sert à confirmer cette tradition ; car, quand la mer est basse et calme, ce qui arrive souvent après les vents du sud et d'est, on voit

que le fond de ce bassin est parsemé de grosses colonnes et de
fragments de murailles qui ne peuvent y avoir été transportés
que par quelque commotion violente.

On ne pouvait rien imaginer de plus ingénieux pour la com-
modité et la sûreté des navires que le bassin dont il vient d'être
question. Il avait environ 25 toises carrées, et les bâtiments
y étaient parfaitement à l'abri de tous les vents. On le remplissait au moyen de terrasses élevées sur une hauteur voisine,
pavées en mosaïque, et destinées à recevoir les eaux pluviales,
qui de là étaient dirigées par de petits conduits dans une ci-
terne ovale qui pouvait contenir plusieurs milliers de tonnes
d'eau.

Le port est presque circulaire; son diamètre est de cent
toises. Anciennement la partie la plus sûre était du côté du
Cothon; mais elle est maintenant obstruée par un banc de
sable qui augmente tous les jours. A l'entrée du port s'élève
une petite île rocailleuse où les navires trouvent un abri contre
les vents du nord et du nord-est.

La ville actuelle a été construite vers la fin du XVe siècle,
par les Maures chassés d'Espagne. Les maisons sont petites,
couvertes de tuiles et construites à la mauresque. Les apparte-
ments donnent tous sur une cour intérieure et sont surmontés
d'une terrasse. On voit s'élever dans l'air les minarets de trois
ou quatre mosquées. Les environs sont couverts de jardins et de
vergers, fermés par des haies de cactus, et le versant de la montagne est tapissé de champs très-bien cultivés. En un mot, les
abords de cette petite ville sont agréables et fertiles et expliquent
fort bien cette préférence que les Romains avaient donnée autrefois à ce site, pour l'embellir de tout ce que leurs arts et leur
puissance avaient de plus riche et de plus fort.

Voilà le lieu où nous sommes en attendant la construction de
nos habitations; on peut y passer quelques jours.

Adolphe L... a Pierre H...

C'est avec le plus grand bonheur que nous avons reçu ta lettre et que nous avons appris votre heureuse arrivée à Scherchel.

Dans l'*Imitation de Jésus-Christ* se trouve cette phrase : «J'ai souvent ouï dire qu'il est plus sûr d'écouter et de recevoir un conseil que de le donner. » Aussi ai-je cru devoir m'abstenir de vous engager, soit à partir, soit à rester ; mais maintenant que le sort en est jeté, *alea jacta est* (a dit Lamartine), je crois devoir te faire part de ce que je pense de la colonisation de l'Algérie.

Il fut une époque où l'on disait, où l'on écrivait, que l'Algérie ne possédait ni eau, ni pierres, ni bois ; le temps a fait justice de ces exagérations et de bien d'autres, dans un sens ou dans l'autre.

L'œuvre de la colonisation, pour se faire sur une échelle étendue et d'après des dispositions qui permissent aux émigrants européens de s'établir solidement, avait besoin de la paix, de la sécurité, de la liberté des communications et des relations de toute nature.

Jusqu'à ces derniers temps, si ce n'est pendant les quelques mois de répit qui ont suivi la paix de la Tafna, la guerre a toujours interdit aux Européens la faculté de se livrer à l'agriculture, excepté dans un rayon peu étendu, autour d'Alger et de Bone. Et même, dans ces limites, étaient-ils exposés à des brigandages et à des assassinats.

Leur activité s'est donc concentrée dans les villes du littoral, dont elle a changé à peu près complétement la physionomie, et où elle a fait surgir des constructions vraiment remarquables, dit-on. C'est ainsi qu'Alger, Bone et Oran ont vu disparaître, comme tu as pu déjà le voir, les ruines qui les encombraient, leurs rues étroites s'élargir et faire place à des quartiers complétement neufs. Philippeville, qui ne possédait pas une maison en 1838, est à présent une ville de 4 à 5000 âmes, qui se bâtit à vue d'œil.

Mais il ne suffisait pas que les villes du littoral se peuplassent et se rebâtissent. Pour qu'elles fussent à tout jamais françaises et européennes il fallait mettre entre elles et les indigènes du dehors, des villages européens, des cultivateurs, toute une population rurale qui pût les faire vivre tout en les protégeant. Il fallait enfin faire de la colonisation.

C'est ainsi qu'à Scherchell, où tu es, un arrêté de M. le maréchal Valée, en date du 20 septembre 1830, a prescrit l'établissement de cent familles à chacune desquelles il devait être donné une maison et 10 hectares de terre.

A cette époque le domaine avait concédé 118 maisons. La direction de l'intérieur procéda à la concession de 250 hectares qui furent partagés entre 124 colons. Des titres provisoires ont assuré, par des réserves suffisantes, l'exécution des voies de communication ; de plus, ils contiennent des prescriptions pour la conservation des ruines qui jonchent le sol de l'ancienne *Julia Cæsarea*, et la remise à l'administration des objets d'art qu'elles peuvent recéler.

Au 30 septembre dernier, la population européenne s'élevait à 98,078 âmes qui se répartissaient ainsi entre les trois provinces.

Provinces.	Hommes.	Femmes.	Enfants.	Totaux.
ALGER.	21,009	15,988	17,607	54,604
ORAN	12,397	8,561	6,269	27,227
CONSTANTINE .	7,526	4,415	4,306	16,247
	40,932	28,964	28,182	98,078

Dans ce nombre les Français comptent pour 48,845, savoir :

Alger 29,302 ; Oran , 11,043 ; Constantine, 8,500 ; tu vois que que tu es dans la province qui compte le plus de Français.

Jusqu'à présent les cultures sont restées à l'état le moins avancé, c'est-à-dire le plus immédiatement productif. On a cherché à obtenir beaucoup, parce que la consommation l'exigeait.

Dans les terrains non irrigables, on se borne aux plantations de mûrier, de vignes, d'arbres fruitiers, qui réussissent à merveille et donnent bientôt des produits utiles. On fait, en outre, ce qu'on appelle les jardins d'hiver, qui ont aussi leur importance, et regagnent pendant la mauvaise saison une partie des avantages qu'ont sur eux les terrains bien arrosés pendant l'été.

Les résultats vraiment remarquables du jardinage sont dus, non-seulement au climat en lui-même, mais à l'activité des Européens qui ont appris à tirer de toutes les parties du sol des ressources qu'ils n'auraient peut-être pas soupçonnées, ou du moins développées, si les circonstances eussent été plus favorables. Je crois que les anciens colons pourront vous être utiles à cet égard.

La récolte des fourrages tient toujours le premier rang : comparée à celle des céréales, elle présente des avantages tellement assurés qu'elle obtiendra toujours la préférence. Pour en retirer les produits qu'elle peut donner, il faut un assolement, des fumiers et des sarclages, ce qui ne peut que contribuer, et d'une manière très énergique, à l'amélioration du sol et à la prospérité réelle du pays.

Un champ assez vaste est cependant ouvert à la culture algérienne. D'abord, et avant tout, elle doit nourrir une nombreuse armée, une population civile qui tend tous les jours à s'accroître, et, du côté du désert, des tribus qui ne peuvent s'alimenter que chez elle. Puis elle peut, sans crainte de trop-plein, diriger tous ses efforts vers les productions qui conviennent à son sol et que la France est obligée d'aller chercher à l'étranger.

Les chevaux, les laines, les soies, le riz, soit en grains soit en paille, l'huile d'olivier, le coton, le tabac, le chanvre, le lin, les oranges, les citrons et leurs dérivés, les grains de sésame, les joncs (*sparte en tiges brutes*), la cire, l'opium, les feuilles d'oranger, le safran, peuvent en tout ou en partie, avec grand profit pour elle, être demandés à la terre algérienne ; et c'est à les fournir que l'agriculture locale doit principalement s'appliquer.

La soie est appelée, ai-je dit, à figurer au premier rang des produits que l'industrie européenne fera donner à l'Algérie. Le mûrier, dans les diverses variétés, y vient avec une rare facilité dans tous les terrains et à toutes les expositions, avec des soins particuliers de culture et de binage, surtout pendant les premières années. Il n'a point à craindre les froids qui en détruisent tant en Europe. Il y végète avec une vigueur tellement rapide, notamment dans les plaines, ainsi qu'on le voit à Bone et à Bouffarick, qu'il donne des feuilles en abondance deux ou trois ans après sa transplantation.

Pour naturaliser et faire prospérer l'industrie de la soie en Algérie, je pense qu'il faut bien se garder de suivre les dispendieuses méthodes de l'Europe pour l'éducation des vers à soie. Il faut au contraire imiter le plus possible les procédés si simples que mettent en pratique, depuis des siècles, les habitants de la Morée, du Liban et de l'Anatolie, qui produisent d'excellents cocons à très-bas prix.

Les colons algériens auront d'autant plus d'intérêt à s'occuper de la culture du mûrier et de la production de la soie, que l'éducation du ver ne demande que peu de temps et qu'on peut y employer des femmes et des enfants.

L'Algérie est propre à la culture du cotonnier et il y existe à l'état sauvage et en arbrisseau dans diverses localités, notamment dans les environs de Mostaganem et sur quelques points de la province de Constantine. D'après ce que disent à ce sujet plusieurs auteurs arabes, entre autres Edrisi et Bekri, cette plante a été cultivée en grand au moyen âge dans l'ancienne régence d'Alger.

Je pense que pour venir à bout de votre mission, il faudrait mettre en application les mots du Christ : Aimez-vous les uns les autres, ou mieux encore : Aidez-vous les uns les autres.

Le charme de la société, a dit Proudhon, l'émulation, la joie, l'assistance mutuelle doublent les forces; le travail avance à vue d'œil; on dompte la nature au milieu des chants et des ris; en peu de temps le sol est métamorphosé, la terre ameublie n'attend plus que la semence. Deux cents grenadiers ont en quelques heures dressé l'obélisque de Luqzor sur sa base, tu l'as vu. Suppose-t-on qu'un seul homme, en deux cents jours, en serait venu à bout? Eh bien, un désert à mettre en culture, une maison à bâtir, c'est l'obélisque à soulever, c'est une montagne à changer de place. Il faut pour y réussir cette force immense qui résulte de l'union et de l'harmonie des travailleurs, de la convergence et de la simultanéité des efforts.

Avant de terminer, j'éprouve le besoin de satisfaire la curiosité que je crois avoir éveillée en toi. Tu te demandes où diable j'ai pris les renseignements sur l'Algérie que je te donne, quand ce serait toi qui devrais m'en donner. Où? au cours qui se fait le soir dans un local de la rue Sainte-Croix-de-la-Bretonnerie, au cours algérien, où maintenant chacun va préférablement au club; car tout maintenant est à l'Algérie, et je suis sûr qu'au premier de l'an il y aura des bonbons-colons-algériens ; je t'en enverrai pour les petits Arabes.

Pierre H... a Adolphe L.

Dieu est grand, et Mahomet est son prophète.

Nous sommes toujours à Scherchell en attendant la construction de nos maisons. Il est impossible de trouver une plus belle terre que celle que nous habitons maintenant. On y trouve des fruits savoureux et assez abondants pour déborder sur les marchés de la Provence, où les mauvaises récoltes, jadis exceptionnelles, sont devenues règle générale ; des pommes parfumées, des abricots énormes, des raisins de la Terre-Promise sur le sol où l'incurie musulmane ne connaissait que sauvageons !

Nous avons vu les Arabes, nous avons été les visiter sous leurs tentes. Ils ont un aspect misérable qui nous faisait mal, à nous pauvres exilés de la misère. Nous avions envie de faire quelque chose en leur faveur ; on parle de signer une pétition à l'Assemblée nationale pour leur faire accorder des terres en France ; ils iraient coloniser la Sologne. Mais, gare aux habitants ! qu'ils se méfient des colons arabes qui leur seraient envoyés, qu'ils ferment leur porte et ne laissent rien traîner, car tout Arabe, quelle que soit sa position sociale, à la vue d'un objet qui lui fait envie, est porté spontanément à se l'approprier par ruse ou violence Le respect du bien d'autrui n'est pas l'idée qui se présente d'abord à son esprit : avant tout il songe à la possession de l'objet.

Si donc il est honnête, c'est par réflexion.

L'amour du vol lui est héréditaire. Il est inhérent à sa nature physique et morale : c'est le résultat de son organisation. Donnez à l'enfant arabe la même éducation qu'à l'enfant issu de souche bretonne, germaine ou celte-ibérienne, le premier conservera longtemps, et on peut dire même toujours, une propension marquée au vol ; le second ne l'aura pas. Pourquoi cela? Parce que l'un et l'autre ont hérité des penchants de leurs parents, comme l'un et l'autre ont dès leur naissance les éléments de leurs tempéraments, de leurs aptitudes et de leurs maladies. Quand le Germain, le Breton, le Celte-Ibérien volent, c'est avec réflexion, c'est en combattant leurs propres sentiments; car spontanément ils sont honnêtes, ils respectent le bien d'autrui. Quand l'Arabe vole, il suit l'impulsion de sa nature. Il n'est honnête qu'en faisant violence à ses attractions naturelles.

Plusieurs causes impriment une énergie nouvelle à cet amour inné du vol.

Ce sont la paresse. la cupidité, l'état social dans lequel il vit, et ses idées religieuses. En effet, le Coran lui dit que les biens de la terre appartiennent aux musulmans. Il ne lui recommande pas le mépris des richesses. C'est donc par là mettre en jeu sa cupidité naturelle.

L'exaltation, la mobilité dans les sentiments et les idées, sont après l'amour du vol les dispositions les plus marquées du caractère des Arabes. Vivement impressionnables, ils passent instantanément d'un état à un autre. Un mot, une faible injure les jette dans tout l'emportement de la fureur; une observation, une simple parole les calme. Aujourd'hui ils vous donneront des preuves d'attachement, demain ils se déclareront vos ennemis.

Constamment sous l'impulsion du moment, ne sachant pas modérer cette impulsion par la réflexion et l'exagérant toujours, aujourd'hui ils vous feront une promesse qu'ils violeront immédiatement, parceque alors ils seront sous une influence différente.

Aussi ne peut-on que très-rarement se fier à eux. Ils manqueront à leurs engagements, moins par mépris de la foi jurée que par besoin de sensations nouvelles. Il leur faudra la paix parce qu'ils ont eu la guerre, et *vice versá*.

C'est encore un résultat nécessaire de leur organisation physique et morale. La prévoyance dérive de la réflexion et de la fixité des impressions. Or, les Arabes ne réfléchissent que fort peu, et leurs impressions sont fugitives.

Ils sont enclins à l'indiscipline, et par compensation sont éminemment doués du sentiment de la vénération.

Instinctivement, par nécessité d'organisation, ils sont entraînés à honorer les supériorités. Ils vénèrent leurs chefs, leurs marabouts, leurs morts, leurs ancêtres, non pas par réflexion, mais par une attraction dont ils ne se rendent pas compte. Il leur faut un culte à rendre à un être quelconque, il leur faut un objet d'adoration.

La prédominance de ce penchant essentiellement social quand il est dans de justes limites, les porte au fanatisme religieux et à la superstition. Les plus tolérants entre eux, sans irritation et sans haine, ne vous laisseront pas discuter ou mettre en doute leurs croyances et leurs dogmes ; les plus éclairés croient aux sortiléges, au mauvais œil, aux apparitions et possessions du démon. La foule est encore aussi superstitieuse que la nation ou peuplade la plus crédule de la terre, et cette crédulité est encore augmentée par son ignorance et son manque d'examen et de réflexion.

Nous ne pouvons nous lasser d'admirer les beautés de la nature qui nous environne, les Arabes y sont insensibles. Ils sont indifférents aux bonnes comme aux mauvaises actions, pourvu qu'elles ne touchent pas leur personnalité.

Ces Arabes sont bien heureux sous un rapport ; ils n'ont pas comme nous l'amour de la localité porté au suprême degré. L'Arabe né dans l'Yemen ou la Syrie vit sans regret de la patrie dans les plaines des Etats barbaresques, comme à Jenné ou à Tombouctou : aussi est-ce un peuple éminemment voyageur. Que ne suis-je comme eux, que ne puis-je chasser de mes yeux les souvenirs de mon pays ?

Pays que l'exilé rêve encore plus beau.

J'aime cependant déjà notre colonie si riche d'espérances (qu'elle réalisera si on veut s'en occuper sérieusement), et puis je me le répète chaque jour pour me donner du courage, combien d'honnêtes ouvriers, de nombreuses familles sont comme nous! combien de vertus cachées et souffrantes parmi le peuple!

Nous l'avions bien prévu avant notre départ, il fallait attendre d'un aussi long voyage bien des tribulations, de la fatigue, des malaises, des privations de toute espèce; nos habitudes changées et dépaysées. Mais les beautés pittoresques de cette nature encore sauvage, ce magnifique soleil qui vous inonde, ces montagnes qui cachent leur sommet dans les cieux, ces marabouts blancs, tant de grandioses nouveautés enfin endorment nos regrets; nous avons retrouvé là une seconde France au berceau, moins ses hivers rigoureux, et, si nous n'avions laissé personne à regretter en France, nous oublierions peut-être notre première patrie ingrate; nous oublierions bien vite les mesquineries de la vie de Paris, si bon aux riches seulement, et nous préférerions la vie pauvre en Afrique; la misère y est plus poëtique, plus naturelle, et surtout moins poignante.

Puisse notre belle colonie algérienne se relever sous les efforts des émigrants, et payer la peine et les fatigues que nous sommes prêts à endurer avec courage!

Puisse l'Algérie prouver à tous que la France est toujours la plus grande des nations, et garder ce beau nom de France algérienne que les vrais patriotes lui ont donné!

Votre mère, mes chers enfants, est mon soutien, mon bon ange, la compagne chargée de me consoler de notre exil volontaire. Il faut du courage pour suivre un époux qui va entreprendre loin du pays natal de se créer un meilleur sort. Point d'agrément, point de propreté, ni sur l'homme ni dans la maison, là où il n'y a pas de femme; point d'ordre dans les affaires domestiques. Pour moi, je ne voudrais point aller en paradis s'il ne devait point y avoir des femmes. Courage, force, patience, voilà ce que nous demandons à Dieu; puisse-t-il bénir notre entreprise et nous donner en récompense l'aisance, le bonheur et la santé !

Quand l'âne est trop chargé, il s'abat ; l'homme avance toujours, a dit Proudhon. Nous serons des hommes, et nous avancerons.

L'UNION FAIT LA FORCE.

Soyons, soyons unis pour braver nos souffrances.
Dieu va réaliser nos saintes espérances.
Le sang des opprimés comme un cratère bout.
L'union pour cuirasse et les vertus pour glaives,
Marchons vers l'avenir où tendent tous nos rêves.
Marchons, le triomphe est au bout !

(Ch. Poncy, *ouvrier maçon.*)

Un homme voyageait dans la montagne, et il arriva en un lieu où un gros rocher, ayant roulé sur le chemin, le remplissait tout entier, et hors du chemin il n'y avait point d'autre issue, ni à gauche ni à droite.

Or, cet homme, voyant qu'il ne pouvait continuer son voyage à cause du rocher, essaya de le mouvoir pour se faire un passage, et il se fatigua beaucoup à ce travail, et tous ses efforts furent vains.

Ce que voyant, il s'assit plein de tristesse et dit : « Que sera-« ce de moi lorsque la nuit viendra et me surprendra dans « cette solitude, sans nourriture, sans abri, sans aucune dé-« fense, à l'heure où les bêtes féroces sortent pour chercher « leur proie ? »

Et comme il était absorbé dans cette pensée, un autre voyageur survint, et celui-ci, ayant fait ce qu'avait fait le premier, et s'étant trouvé aussi impuissant à remuer le rocher, s'assit en silence et baissa la tête.

Et après celui-ci il en vint plusieurs autres, et aucun ne put mouvoir le rocher, et leur crainte à tous était grande.

Enfin l'un d'eux dit aux autres : « Mes frères, ce qu'aucun
« de nous n'a pu faire seul, qui sait si nous ne le ferons pas
« tous ensemble ? »

Et ils se levèrent, et tous ensemble ils poussèrent le rocher,
et le rocher céda, et ils poursuivirent leur route en paix.

Le voyageur c'est l'homme, le voyage c'est la vie, les rochers
ce sont les misères qu'il rencontre à chaque pas sur sa route.

Aucun homme ne saurait soulever seul ce rocher, mais Dieu
en a mesuré le poids de manière qu'il n'arrête jamais ceux qui
voyagent ensemble.

(Paroles d'un Croyant. F. LAMENNAIS.)

Chrétiens, souvenons-nous que le chrétien suprême
N'a légué qu'un seul mot pour prix d'un long blasphème
A cette arche vivante où dorment ses leçons ;
Et que l'homme, outrageant ce que notre âme adore,
Dans notre cœur brisé ne doit trouver encore
  Que ce seul mot : Aimons !

(LAMARTINE)

LE PARESSEUX ET LE LABORIEUX.

Comment (s'écrie un honnête ouvrier qui ne comprend pas
la communauté dont on lui parle)! moi qui suis bon travailleur, rangé, économe, frugal, je serais *obligé* de partager avec
un paresseux, un ivrogne, un débauché? cela me révolte.
« Rassurez-vous, mon brave : 1° d'abord vous ne serez pas
obligé de partager avec personne, et de vous mettre en communauté ; vous ne vous y mettrez que quand cela vous plaira, et
avec qui vous voudrez ; — 2° si vous partagez avec les autres,
les autres partageront avec vous ; vous ne serez pas plus heu-

reux que personne, mais personne ne sera plus heureux que
vous. Eh bien! si vous étiez aussi heureux que tout le monde,
est-ce que vous ne seriez pas content? — 3° quand le travail
sera court, modéré, facilité par des machines, honoré, quand
l'oisiveté sera méprisée et flétrie comme un véritable vol fait
à la société, croyez-vous qu'il y aura beaucoup de paresseux
et d'oisifs? — 4° s'il existait encore des oisifs, qui empêcherait
la société de leur refuser le partage dans les produits du travail?   (CABET.)

Nous croyons faire plaisir à nos chers colons d'Afrique en
leur donnant ci-après une chanson faite pour eux par notre
estimable poëte populaire, G. Leroy, qu'ils connaissent tous.

LES COLONS DE L'ALGÉRIE.

Air du Retour en France ou de Vive Paris.

L'hiver s'avance et la misère est grande,
Le pays souffre et nous souffrons aussi ;
Exilons-nous, c'est la dernière offrande
Que nous faisons à ce siècle endurci.
Exilons-nous... partons pour l'Algérie ;
Pour des rochers quittons nos beaux vallons ;
Adieu la France, adieu, mère patrie,   } bis.
Reçois les vœux des malheureux colons!

Reçois nos vœux, nos adieux, pauvre mère,
Tu ne peux plus nourrir tous tes enfants ;
Déjà la faim, monstrueuse vipère,
Vient nous étreindre en ses plis étouffants.
Nous succombons martyrs de l'industrie,
Et cependant l'or brille en des salons....
Adieu la France, adieu, mère patrie,
Reçois les vœux des malheureux colons!

Mère, dis-nous pourquoi tant de victimes ?
Quoi ! l'un vit pauvre et l'autre vit heureux ;
Nous sommes tous tes enfants légitimes,
Nous avons droit à tes soins généreux ;
Et cependant ta mamelle est tarie ;
Pour vivre enfin, nous nous expatrions ;
Adieu la France, adieu, mère patrie,
Reçois les vœux des malheureux colons !

Adieu pays, nous partons le cœur triste,
Tu rougissais de nous voir mendier ;
Que le malheur vienne effacer l'arti-te,
Pour ton honneur on le fait terrassier.
Nous te quittons, hélas ! terre chérie,
En te laissant tous ceux que nous aimons.
Adieu la France, adieu mère patrie,
Reçois les vœux des malheureux colons !

Le vent redouble, il vient d'enfler les voiles,
Le jour s'éteint, tout fuit à l'horizon ;
Le firmament se parsème d'étoiles,
L'oiseau finit sa modeste chanson.
La France est loin, sa rive est amoindrie,
Tout disparaît et nous nous désolons ;
Petits zéphirs, à la mère patrie
Portez les vœux des malheureux colons !

L'*Almanach du Colon algérien*, que nous avons établi pour l'année 1849, est un résumé des ouvrages ci-après : *Algérie pittoresque* par Clausolles ; l'Algérie (maréchal Bugeaud), n° du 9 octobre 1848 de la *Démocratie pacifique* ; *France pittoresque* ; *Moniteur universel* ; *Moniteur algérien* ; *Observations du docteur Bodichon* ; *Qu'est-ce que la propriété ?* Proudhon ; *Sémaphore de Marseille*. Nous n'avons pu guillemeter les passages cités, puisqu'il aurait fallu guillemeter tout le livre, déclarant n'avoir écrit nous-même que quelques mots.

Ce petit recueil, qui est principalement intéressant pour les colons du douzième convoi et pour leurs parents, n'a pas été imprimé dans un but de lucre, mais seulement afin de mettre les colons à même de conserver dans leur famille des souvenirs, bien amers, il est vrai, mais qui doivent toujours nous être précieux.

Les colons qui désireraient en faire remettre à leurs parents en France, n'auront qu'à indiquer l'adresse à laquelle l'envoi doit être fait au citoyen Pierre Hue, colon du douzième convoi, qui se chargera de les leur faire parvenir sans frais.

L'accueil plus ou moins favorable qui sera fait à notre publication nous fera connaître si nous devons la continuer pour 1850.

Société Typographique. — DROUE, imprimeur, 32, rue de Seine, à Paris.